OBSERVATIONS
SUR
LA TRAGEDIE
DU DUC DE FOIX
DE Mr DE VOLTAIRE.

Répréfentée pour la premiere fois par les Comédiens ordinaires du Roi, le Jeudi 17. Août 1752.

Par Mr le Chevalier DE LA MORLIERE.

Infano nemo in amore fapit.

Propert......

Le prix eft douze fols.

M. DCC. LII.

OBSERVATIONS
SUR
LA TRAGÉDIE
DU DUC DE FOIX.

L'Ouvrage dont j'entreprends de rendre compte ici, doit être mis au nombre de ceux sur lesquels le cœur a infiniment plus de droits que l'esprit ; & si cette position peut être regardée comme avantageuse, eu égard à l'impression générale sur laquelle il est en droit de compter ; si cette fermentation victorieuse qu'il excite dans les ames dont l'organisation est la plus commune, doit être regardée comme le cachet éclatant du Grand Maître, & comme la preuve assurée que ce même ouvrage est marqué au coin de la belle nature ; on ne doit pas se flatter qu'une harmonie si parfaite de grandes choses, puisse désarmer ceux qui, en dépit de l'attendrissement de leur cœur, ne déposent que

A ij

d'après leurs ressentimens personnels, & qui consultent moins les passions que l'Auteur a réussi à exciter chez eux pendant qu'ils ont écouté son ouvrage, que celles par lesquelles ils étoient maîtrisés d'avance, & presque toujours aussi injustes que préjudiciables au bon goût.

Quel reproche à soutenir pour une nation où les talens croissent à l'envie, mais qui semblable à cette terre de l'ancienne Grece, produit des enfans qui, nés à peine, semblent ne desirer de croître que pour acquérir plus de force pour se déchirer mutuellement ; combien de gens dont la réputation est faite & glorieuse à juste titre, & qui s'élevent injustement contre celle d'un grand homme, sans réflechir qu'ils broyent de leurs mains un poison qui peut leur être funeste à eux-mêmes, qu'ils aiguisent & préparent des armes, que les esprits d'une trempe inférieure, ne manqueront pas au premier moment de tourner contr'eux.

Mais je n'aprofondirai pas davantage une matiere si peu satisfaisante, & si amere en particulier pour ceux qui ont en partage l'amour des arts ; d'ailleurs dans les affaires de goût & de littérature, on est exposé à rencontrer des adversaires, à qui on doit toute son estime en désespérant même de les ramener à son sentiment ; ceux-là regarderoient fans doute tout ce que je pourrois dire à l'avantage de Mr de Voltaire comme une apologie baffe & mandiée, & ceux fur qui fes travaux ont fait & font encore un effet tout contraire, n'ont pas befoin d'une image que mon pinceau affoibliroit fans doute, & que tant de chefs-d'œuvres ont gravée bien mieux dans leur cœur.

La Tragédie *du Duc de Foix* fut donnée au Théâtre françois en l'année 1734, fous le nom d'*Adelaïde du Guefclin*, la fervitude rigide que nous nous fommes impofés fur tout ce qu'on appelle agrément local, la négligence totale contre laquelle je ne puis m'empêcher de m'élever ici, de tout ce qui peut flatter les fens dont les plaifirs ont tant d'analogie avec ceux de l'efprit & du cœur ; toutes ces raifons, dis-je, contribuèrent à faire regarder un coup de canon hazardé dans la piéce, comme une reffource étrangere & inufitée ; lorfqu'au contraire, felon le rapport qui m'en a été fait par des perfonnes de goût témoins oculaires, ce même coup étoit un grand moyen, & produifoit fon effet dans l'ame du fpectateur, par la fituation & le mouvement théatral dans laquelle l'Auteur l'avoit placé, il fut obligé de plier fous le joug de nos ufages qui réduifent nos ouvrages dramatiques, à la fimplicité d'une converfation ; mais bientôt le

A iij

nom de *Coucy* servit de nouveau cri de guerre aux mauvais plaisans, les distributeurs d'épigrammes de rebus & de Vaudeville, se rallierent sous cette enseigne, & l'on vit comme on avoit vû quelques années auparavant à la Mariamne, le sort d'une piece prêt à dépendre d'un misérable *Lazzi*; elle se soutint cependant pendant un nombre de représentations, & l'Auteur l'ayant retirée pour la retoucher d'après quelques critiques impartiales & raisonnables; il sentit qu'il pouvoit être dur pour une nation aussi attachée au sang de ses Rois que la nôtre, de voir mille actions violentes, un caractére emporté, & même un parricide attribué à un nom qui a laissé dans l'histoire les traces les plus glorieuses; * cette réflexion fit son effet dans un homme toujours aussi accoutumé à corriger ses ouvrages avec docilité, qu'à les entendre critiquer avec aigreur; il recula l'époque de sa piece, & appliqua son action theatrale, à l'intervalle de la premiere & de la seconde race, au tems où *Chideric III.* victime de sa pusillanimité, fut sacrifié à l'ambition active de Pepin, & au dégoût de tout son Royaume, vers l'an 750.

Le Duc de Foix issu des Princes Merovingiens, possédoit en appanage une grande

* Le premier rôle de la piéce étoit sous le nom de Vendôme.

partie des pays qui ont été connus depuis sous le nom de Navarre & pays souverain de Bearn : le grand éloignement de ses Etats d'avec la Capitale, ses intérêts que son abfence de la Cour rendoit presque toujours différens de ceux du Roy, le mépris que tous les Seigneurs feudataires de ce tems-là, avoient conçu pour une longue suite de Rois fainéans, qui déshonoroient le sceptre sous lequel ils étoient affaissés, l'ambition consécutive de plusieurs Maires du Palais, & sur-tout les vûes de *Pepin* qui n'étoient pas difficiles à pénétrer pour des gens qui peut-être dans le fond du cœur en avoient de semblables, toutes ces choses, dis-je, avoient emporté *le Duc de Foix* dans des liaisons, que son amour pour sa patrie n'avoit pû réussir à balancer dans son cœur, il avoit traité avec les Maures; & c'est où commence l'action de la piéce, supposée postérieure à leur invasion en Espagne, sous le Comte Julien.

A l'égard de son caractere, contre lequel j'ai cru comprendre que plusieurs personnes se sont élevées ; il ne sera pas difficile de le faire convenir avec un peu de réflexion & de bonne foi, que rien n'est moins opposé à la nature, que ce qu'ils croyent y être si étranger : les grandes ames sentent violemment, leur intérieur est un terroir fercile que toutes les paffions fe difputent avec avidité, l'yvraye y croît avec les femences les plus précieufes, l'aconit s'y trouve auprès du baume, mais la réflexion le difcerne & l'en arrache tôt ou tard, leur fermentation continuelle prouve en eux une qualité productrice que la vertu tourne aifément à fon profit; & les fruits qu'elle en peut attendre, font fans doute préférables à ceux qu'elle pourroit efpérer de ces ames doucereufes & efféminées, champs ingrats & ftériles, en qui tout germe eft étouffé par l'engourdiffement le plus épais, & dont les facultés fimplement végétatives, ne méritent pas feulement d'attribut diftinctif.

D'ailleurs ce même *Duc de Foix*, dont la férocité & l'emportement paroiffent conftituer le caractere, eft né avec un fond de vertu & d'humanité, qui fe montrent fans ceffe dans les moindres momens, où les paffions qui le tirannifent, lui laiffent quelque relâche ; & quel eft l'homme qui ait eu en fa vie des retours fenfés fur lui & fur les autres, qui ait pû prétendre d'affujettir les mêmes paffions au raifonnement & à une marche réglée. Ne doit-on pas au contraire admirer l'adreffe du Poëte, de foutenir avec tant d'art un équilibre fi difficile à conferver, de mener à fin une machine dont les refforts font fi imperceptibles, & en même-tems l'harmonie si nécessaire, que le dérangement de la moindre des parties, entraîneroit la chute de tout l'édifice, lorsqu'au contraire il s'avance, & s'empare de l'admiration des spectateurs, & cela par ce même désordre des passions qu'on lui reproche, & qui devient ici l'effort de l'art le mieux concerté.

Il ne me sera pas difficile de prouver ce que j'avance, lorsque j'en viendrai à citer quelques endroits de la piéce, qui assignent à chaque rôle leur caractere distinctif, j'espere montrer dans le *Duc de Foix* ce que j'y ai vû moi-même, c'est-à-dire un homme emporté, mais humain; factieux, mais excusable; inconsidéré, mais soumis à la vertu; passionné jusqu'à la fureur, mais trop cruellement blessé pour n'être pas plaint; parricide enfin, mais pénétré, déchiré de son crime, abbatu sous le faix de ses passions & de ses remords, en un mot dans un état vrai, où l'homme paroît tout entier, tel qu'il a pû être, & outre cela très-vraisemblable, chose qui au théatre est fort au-dessus de la vérité, & rappellé enfin à la vertu par un de ces grands coups, faits pour les ames de sa trempe, & qui décident toujours en elles de l'anéantissement des passions que la violence du moment n'attache que trop à l'humanité.

Amélie jeune personne de qualité, de l'illustre Maison de *Comminge*, née dans les Etats du Duc, forme le second rôle de cette Piéce, je ne puis m'empêcher de convenir ici, de la remarque judicieuse qu'ont fait plusieurs personnes desinteressées au sujet de ce personnage, quoiqu'il soit assez simple de supposer que cette fille élevée dans la Cour de Foix, ait allumé dans le cœur de son Souverain, un feu auquel ses dispositions ne lui ayent pas permis de répondre, que *Vamir* jeune Prince cadet du Duc, lui ait offert des vœux qui auront été mieux reçus, qu'Amelie pour se dérober à ce qu'elle craint de l'amour, du pouvoir, & sur tout du caractere du Duc, ait pris le parti de se retirer à Leucate séjour ordinaire de sa famille, que le jeune Prince l'y ait suivi à l'inçu de son frere, qu'après s'y être juré un amour éternel, & s'être donné leur foi mutuelle, *Vamir* la quitte pour aller à la Cour de France, que pendant ce tems les Maures investissent Leucate, que le *Duc de Foix* vient secourir Amelie, la tire de leurs mains, la ramene à sa Cour, & déclare hautement son amour & ses vues sur elle, quoique, dis-je, toutes ces choses qui ne sont proprement que l'avant Scène soient très-aisées à entendre, que cela soit même énoncé en quelque façon dans les premieres Scènes, il me semble cependant qu'on a quelque raison de désirer ; que cela fût dit plus clairement que dans la Scène d'exposition entr'elle & *Lisois*, ou dans celle qui suit entr'elle & *Thaïse* sa confidente, il y eût une espéce de point de vue historique de ce qui précede l'action de la Piéce, je crois qu'il en résulteroit un intérêt plutôt décidé. Nous aimons mieux les vieilles connoissances que les nouvelles. Nous voulons sçavoir bien exactement qui sont les gens pour qui on nous demande d'emblée tout ce que notre ame, est capable de contenir de sentimens les plus vifs & les plus tendres. Nous voulons voir si cette demande est fondée, & sur tout si les malheurs sur lesquels on l'appuye sont d'un genre à nous promettre de continuer à mériter ce qu'on exige de nous dix à douze vers sont plus que suffisans pour ce que le Public a paru désirer sur cet article ; & qu'est-ce que cela pour un homme accoutumé à faire les corrections les plus frappantes & les plus heureuses, & à retoucher sans cesse à des ouvrages déja consacrés.

D'ailleurs tout ce rôle est écrit d'un ton noble & touchant en même tems, sa fierté cede sans bassesse quand les violences du Duc ne regardent qu'elle ; mais elle reparoît à propos lorsqu'il attaque un choix dont elle s'honore. Ses discours pour le guerir d'une passion inutile, éloignent jusqu'à la moindre idée de manege & de Coquetterie, & donnent aux femmes un exemple que toutes devroient se glorifier de suivre, les hommes auroient moins à se plaindre, & elles en seroient moins déchirées ; elle devient on ne peut pas plus intéressante au moment de l'option qui lui est proposée par le Duc : on frémit, on balance avec elle ; on a le cœur déchiré, l'esprit suspendu : on voit la mort de son époux ; on est serré de douleur ; tous les sentimens qui la tiranisent s'identifient dans l'ame du Spectateur : on est foudroyé comme elle à ce cruel, *il n'est plus tems*, & lorsqu'un jour pur & serain vient dissiper ces voiles funébres : on est heureux comme elle d'une joie si légitime & si méritée : on prend sur son compte les trois quarts de la reconnoissance que *Lisois* a si bien acquis : on court dans les bras de *Vamir*, & de là aux Autels, où on voudroit s'assurer par soi-même de l'heureuse issue d'une union si généralement désirée.

Le rôle de *Vamir*, dans lequel quelques personnes ont cru ne pas voir assez d'intérêt ne pouvoit être ni plus touchant ni plus décidé : on souhaiteroit qu'il parût avant le troisiéme acte, à cela je réponds qu'il me semble que cela eût été impossible, attendu qu'il ne seroit point du tout naturel que l'arrivée de ce Prince, & sa reconnoissance qui font précisément le nœud de la piéce, en ce qu'ils présentent au Duc de plus grands obstacles à surmonter, soit dans la resistance d'*Amelie* à la vue de son amant, soit dans la peine qu'il a à sacrifier un rival si cher; il seroit impossible, dis-je, que cela se passât au premier; & si le Prince arrivoit au premier, il seroit impossible de filer cette reconnoissance jusqu'au trois, sur tout entre gens qui se sont quittés depuis peu, & entre lesquels le premier coup d'œil doit décider inévitablement: hors le Prince une fois reconnu de son frere, & supposé dans sa Cour, il ne reste plus que deux suspensions à ménager, qui facilitent la fin du trois & du quatre, dont la premiere est la sédition excitée par le bruit du retour du Prince, & la seconde sa détention causée par les derniers refus d'Amelie, & l'ordre donné pour sa mort; ainsi pour peu qu'on veuille se donner la peine d'examiner la conduite de cette piéce, une des plus simples, dont j'ose dire, qu'il y ait eu exemple, il sera aisé de se convaincre que le Prince une fois à la Cour, le Poëte n'a pu se permettre, vu la coupe du caractere du Duc, de filer un évenement que sa violence devoit le porter à mettre à fin tout d'un coup, qu'il a fallu porter son arrivée au moment où elle noue nécessairement la Piéce, & redouble la chaleur de l'intérêt : avant ce tems on se contente de le désirer, de le plaindre, de sentir qu'il doit arriver, & d'espérer que sa présence titera Amelie du précipice affreux où elle est prête à tomber ; du reste le rôle est écrit du même ton que toute la Piéce ; & la cinquiéme Scène du troisiéme Acte est pleine de beautés frappantes, auxquelles personne ne peut se refuser.

Essayons maintenant de donner une Esquise legere du rôle de *Lisois*, & quoique je désespere de rendre exactement la grande idée que je m'en suis faite, tâchons de le faire voir dans le point de vue, sous lequel je l'ai apperçu, & pour ne point m'écarter du plan que je me suis proposé dans cette analise, faisons marcher d'abord l'objection avant les raisons que je donne pour la détruire ; les gens qui ont juré de ne jamais rien trouver de bon, disent que c'est un pédant & non un ami, qu'il parle d'un ton trop haut & trop décidé; en un mot qu'il est trop grand, & le Duc trop petit ; à cela je réponds d'abord que *Lisois* issu de l'illustre maison de Montmorency, dont le chef avoit assisté jadis sous son nom au baptême de *Clovis*, étoit trop grand par lui même, pour que rien pût être déplacé dans sa bouche, que le *Duc de Foix* feudataire de la couronne de France, n'étoit avec lui que ce qu'on appelle *Primus inter pares*, que dans ces tems où l'autorité Monarchique n'avoit pas rendu tous les inférieurs égaux, les Seigneurs de cette espéce, dont l'origine remontoit aussi haut que l'établissement de la Monarchie, conservoient avec tous les Princes qui n'étoient pas leurs Souverains immédiats une espéce d'égalité dont leurs intérêts & leur position actuelle pouvoit seuls les faire départir, ils s'attachoient à eux par amitié, & point par devoir, ils s'unissoient à eux par des mariages, & l'Histoire des Comtes de Provence, Champagne, Touloufe, & autres Souverains de ces tems reculés, sont pleines d'alliances contractées avec des maisons illustres de leurs Provinces, & que le Roi compte encore aujourd'hui parmi les plus grands de ses sujets ; Nous devons supposer que *Lisois* étoit dans une position semblable auprès du Duc *de Foix*, qu'il regardoit moins comme son maître, que comme son ami ; & quel ami ! quel caractere ! quelle image plus respectable, & en même tems plus honorable pour l'humanité, non-seulement il sacrifie à ce Prince un amour d'autant plus impérieux qu'il est fondé sur les vertus d'Amelie, & que les plus grands hommes en pareil cas, ne sont pas toujours plus forts que d'autres ; mais encore il a le courage de le servir auprès d'elle avec dignité, & comme le doit un homme tel que lui, en qui le bien de l'Etat est le premier mobile, & qui ne s'arrête point à balancer sur des moyens que sa grande ame trouve bien foibles, lorsque cette foiblesse est compensée par les grands effets qui en résultent : Quel langage que celui qu'il tient au Duc ! & l'on a la prévention de nommer pédanterie, ce qui prend sa source dans le plus beau modéle qui ait jamais existé ; de quel nom appellera-t-on donc le *Mornay* de la Henriade ? il est fondu au même creuset, jetté dans le même moule, il en sort aussi brillant & aussi pur que son modéle, ainsi parloit Mornay à Henry IV son maître & son ami ; le grand Roi fit le grand Ministre, & le grand Ministre soutint le grand Roi ; si *Sejan* eut suivi la même route, jamais Rome n'eut eu à se plaindre de *Tibere*, l'homme vertueux l'eût emporté, & le Tiran eut fait place aux Héros.

A l'égard de l'intérêt que ce rôle jette dans la Piéce, personne n'a eu l'injustice de s'y refuser, c'est un rôle serré, brillanté, rempli d'aussi beaux vers que jamais l'Auteur en ait fait, nécessaire d'un bout à l'autre, & jamais diffus, principe de tout bien, obstacle à tout mal, il finit par la plus belle action dont un sujet véritablement ami de la gloire de son maître puisse être capable, il va au-devant de ses remords pour les rendre plus fructueux, & les empêcher de se tourner en un inutile desespoir, & loin d'imiter les Ministres pervers dont l'haleine empoisonnée, souffle le meurtre & la proscription à l'oreille d'un Prince foible qu'ils obsedent & qu'ils égarent, il prend sur son compte une désobéissance qui le couvre d'une gloire éternelle, qui produit un denouement aussi beau qu'il y en ait au Théâtre, & ramene pour toujours sous les étendarts de la vertu, un Prince qui en suivant ceux du crime n'avoit pu se dérober à ses remords.

Venons maintenant à l'ordre, & à la marche de la Piéce; il ne me sera sans doute pas difficile de la crayonner : jamais sujet plus simple, & moins compliqué, ni plus dépouillé de toutes les ressources étrangéres & épisodiques, empreinte infaillible des génies bornés, & médiocres, l'avant Scêne supposée, selon ce que j'en ai dit plus haut dans l'esquisse des principaux Rôles, c'est-à-dire, le *Duc de Foix* dans la Ville de ce nom, Capitale de ses Etats, éperduement amoureux d'Amelie, qu'il a tiré des mains des Maures, depuis environ trois mois, au sac de Leucate; l'Armée Françoise envoyée par *Pepin*, Maire du Palais, & déja, pour ainſi dire, Roi de France, qui s'avance contre les murs de Foix, ſous la conduite de *Vamir*; Frere du Duc, qui s'eſt jetté dans le parti des François, pour tirer ſa Maîtreſſe des mains de ſon Frere; *Liſois*, ſorti de la Ville pour quelque négociation ſecrette, pour défendre ſon ami, au moment du danger le plus preſſant, & dans la diſpoſition d'éteindre ſa flamme pour *Amelie*, de la céder à ſon ami, ſi le bien de l'état le permet, & de s'en détourner, ſi cette alliance y eſt contraire; Amélie plongée dans l'abbatement, tant par l'abſence de *Vamir*, dont elle ignore le ſort, depuis ſon départ de Leucate, que par les perſécutions du Duc, qui lui offre ſa main; & lui parle d'amour avec des emportemens, qui lui font tout redouter; l'éloignement du *Duc de Foix* pour tout accommodement, par le mépris qu'il a conçu pour *Childeric*; la haine & l'envie qu'il porte à l'heureux *Pepin*, ſon Traité avec les Maures, ſes intelligences, ſon amour pour Amelie, effréné, furieux, & qu'il veut ſatisfaire, avant de ſortir de ſes murs, pour combattre l'ennemi.

La Scène ouvre par *Amelie* & *Liſois*; le dernier lui apprend qu'au bruit de l'invaſion des François irrités de l'alliance du Duc avec les Maures, il accourt, pour ſecourir son ami ; non qu'il approuve ce Traité, ni qu'il se déguise les défauts du Duc, au contraire ; son ~~Interpréte~~ lui met ces vers dans la bouche.

Je vois que de ses sens l'impétueuse yvresse
L'abandonne aux excès d'une ardente jeunesse.
Et le torrent fougueux que j'arrête avec soin.
Trop souvent me l'arrache & l'emporte trop loin;
Mais il a des vertus qui rachettent ses vices,
Et qui sçauroit Madame, où placer ses services ;
S'il ne nous falloit suivre & ne chérir jamais
Que des cœurs sans foiblesse & des Princes parfaits &c.

Belle maxime sans doute, & dont toute l'Histoire nous démontre la vérité ; le reste de la Scène est un exposé des chagrins d'Amelie & des conseils de *Lisois*, qui en convenant des défauts du Prince, lui fait voir tous les avantages d'une pareille alliance ; il la quitte enfin, pour se rendre auprès du Duc, & la laisse avec Thaïse sa Confidente, à qui elle avoue ses douleurs secrettes, & enfin son amour pour le Prince *Vamir*, Cadet du Duc, leur sermens, leur foi mutuellement donnée, enfin, dit-elle :

J'attendois dans Leucate en secret retirée,
Qu'il y vînt dégager la foi qu'il m'a jurée,
Quand les Maures cruels innondant nos déserts,

Sous mes toits embrasés me chargerent de fers,
Le Duc est l'Allié de ce Peuple indomtable,
Il me sauva, Thaïse, & c'est ce qui m'accable,
&c.

Elle rougit de devoir tout à un homme dont elle ne peut se dissimuler les grandes qualités, & les droits qu'il s'est acquis sur elle par ses bienfaits; elle l'apperçoit & sa confusion la force d'éviter sa présence : le Duc remarque une affectation qui aigrit encore son caractere & ses douleurs, il ordonne à *Thaïse* de déclarer ses intentions à Amelie, & de la disposer à recevoir sa main, & demeuré seul avec *Lisois*, il lui expose toute l'amertume de son cœur, & le parti extrème qu'il est résolu de prendre.

Oui vous me verrés vaincre ou mourir son Epoux
&c.
Est-il quelque François que l'amour avilisse
Amants, aimés, heureux, ils marchent aux combats
Et du sein du bonheur ils volent au trépas.

Tel est le langage du Prince, c'est-à-dire, d'un amant aveuglé, & c'est ici que commence un des plus beaux Rôles qu'il y ait au Théâtre : ainsi parle *Lisois*.

Le salut de l'Etat m'occupoit en ce jour
Je vous parle du vôtre & vous parlés d'amour?

Tout ce qu'on peut employer de plus fort pour émouvoir une ame généreuse, est mis en œuvre par *Lifois*, pour dérober le Duc aux piéges de l'amour, & le rendre plus attentif aux périls qui le menacent ; mais le Duc alliant sans cesse le courage à la tendresse, & son ambition générale à ses ressentimens particuliers, lui répond :

De Pepin son Tyran je crains peu la colere,
Je déteste un Sujet qui croit m'intimider,
Et je méprise un Roi qui n'ose commander &c.

. . . .

Les Arabes du moins s'arment pour me venger ;
Et Tiran pour Tiran j'aime mieux l'Etranger.

Lifois au désespoir de l'inflexibilité du Duc, ne dément point son caractere, ami jusques au bout, voici comment sa fermeté s'explique.

. . . . Je ne vous flatte pas,
Mais en vous condamnant je suivrai tous vos pas ;
Il faut à son Ami montrer son injustice,
L'éclairer, l'arrêter au bord du précipice :
Je l'ai dû, je l'ai fait malgré votre courroux,
Vous y voulés tomber & j'y tombe avec vous.

Le Duc sent tout le prix d'une amitié si précieuse, & se détermine à faire expliquer Amelie, & à régler ses démarches sur sa réponse.

Le second acte commence par un Monologue du *Duc de Foix*, qui se reproche sa foiblesse & sa servitude ; mais Amelie paroît, & il devient plus esclave que jamais ; il lui offre de nouveau sa main, qu'elle refuse encore sous divers prétextes : alors son naturel l'emportant, il lui dit :

Quel que soit l'insolent que ce cœur me préfere
Redoutés mon amour tremblés de ma colere,
C'est lui seul désormais que mon bras va chercher,
De son cœur tout sanglant j'irai vous arracher
&c.

Amelie lui répond qu'elle a confié ses peines à *Lisois* ; le Duc soupçonneux, les croit d'intelligence, & croit *Lisois* coupable, il témoigne sa défiance à Amélie, sur des sentimens qu'elle cache avec tant d'affectation, & elle lui répond :

Vous les pourrés Seigneur connoître avec le temps
Mais vous n'aurés jamais le droit de les contraindre,
Ni de les condamner, ni même de vous plaindre.
&c.

Elle quitte le Duc, qui reste en proie à ses fureurs & à ses soupçons : *Lisois* paroît, qui ne pensant qu'au salut de la Ville, demande au Duc, à quel parti il s'arrête ;

mais le Duc qui ne voit que fa paffion, lui répond :

LE DUC,

D'ouvrir enfin les yeux aux infidélités,
De fentir mon malheur & d'apprendre à connoître
La perfide amitié d'un rival & d'un traître.

LISOIS,

Comment ....

LE DUC,

C'en eſt aſſez.

LISOIS,

C'en eſt trop, entre nous!
Ce traître quel eſt-il ?

LE DUC,

Me le demandés-vous &c.

Lifois indigné d'une imputation auſſi odieuſe, répond avec fierté ?

Vous fentez-vous capable au moins de m'écouter ?

LE DUC;

Je le veux.

LISOIS,

Pensés-vous que j'aime encor la gloire
M'estimés-vous encore & pourrés-vous me croire?

La suite du discours de *Lisois* est un reproche touchant, mais ferme, qu'il fait au Duc, de son injustice, une exposition des sacrifices qu'il lui a faits, & il finit par lui dire :

S'il est quelque Rival qui vous ose outrager
Tout mon sang est à vous & je cours vous venger.

Mais il ne lui cache point le péril de l'alliance qu'il vient de contracter avec le Maure, la haine de son propre peuple pour ces fiers Etrangers. Les François sont toujours aimés dans vos Etats, lui dit-il.

Le pur sang de Clovis est toujours adoré
Tôt ou tard il faudra que de ce Tronc sacré
Les Rameaux dispersés & courbés par l'orage
Plus unis & plus beaux soient notre unique ombrage

Métaphore admirable, & que les circonstances

constances du tems préfent rendent fi jufte & fi frapante ; mais la paffion du Duc continuant à lui fournir des moyens, ah! lui dit Lifois :

Lorfque le grand Clovis, au Champs de la Touraine
Détruifit les Vainqueurs de la Grandeur Romaine,
Quand fon bras arrêta dans nos champs innondés
Des Ariens fanglans les torrens débordés ;
Tant d'honneurs étoient-ils l'effet de fa tendreffe,
Sauva-t'il fon Païs pour plaire à fa Maîtreffe ? &c.

. . . .

On connoît peu l'amour, on craint trop fon amorce,
C'eft fur nos lâchetés qu'il a fondé fa force,
c'eft nous qui fous fon nom troublons notre repos,
Il eft tiran du foible efclave du Héros. &c.

Cependant comme il voit le Duc inflexible dans le deffein d'époufer *Amelie*, avant de faire la paix, il ajoute :

Peut-être il eût fallu que ce grand changement,
Ne fût dû qu'au Héros & non pas à l'Amant,
Mais fi d'un fi grand cœur une femme difpofe,
L'effet en eft trop beau pour en blâmer la caufe.
&c.

Vérité inconteftable, que l'amour dans le cœur d'un Héros a été fouvent le mobile des plus grandes actions : cependant on vient annoncer au Duc que les ennemis paroiffent devant la Ville ; il fort pour les combattre, réfolu dépoufer *Amelie* à fon retour.

Les ennemis repouffés loin des murs, le Duc apprend à *Lifois* dans la premiere Scène du troifiéme Acte, qu'il a combattu leur Chef, fans le connoître, & qu'il a fenti une certaine répugnance, en mefurant fon épée contre lui, foit, dit-il,

. . . Que ce trifte amour dont je fuis captivé,
Sur mes fens égarés répandant fa tendreffe,
Jufqu'au fein des combats m'ait prêté fa foibleffe,
Qu'il ait voulu marquer toutes mes actions,
Par la molle douceur de fes impreffions, &c.

Ou que la voix de la Patrie s'éleve dans mon cœur, contre un fils rébelle qui la trahit. Lifois profite de ce moment de retour, pour perfuader au Duc de faire fa paix avec la France ; le Duc y confent, pourvû qu'*Amelie* en devienne le gage, & il rentre pour l'y difpofer. Cependant on amene le Chef des François, qui a été fait prifonnier ; *Lifois*, après l'avoir exhorté à fupporter patiemment fon malheur, le laiffe avec fon Confident, auquel l'Inconnu exprime fes douleurs, & les plaintes qu'il a à faire contre *Amelie*. Cependant le Duc irrité du miftere qu'il fait de fon nom, rentre, pour en être éclairci ; mais que devient-il, lorfqu'il voit dans le prifonnier tous les traits de *Vamir* son frere. La Scène la plus tendre succede à cette reconnoissance. Cependant Vamir lui reproche de s'être declaré en faveur des Maures, contre le Roi, son légitime Souverain. Le Duc lui apprend qu'il est disposé à rentrer dans l'obéïssance, & que celle qu'il épouse, va être le gage de cette réunion : en même-tems, il ordonne, sans la nommer, qu'on l'appelle. *Amilie* paroît, & il est aisé de juger du coup de Théâtre que produit cette entrevûe. Le Duc lui offre de nouveau sa main, & les refus de la Maîtresse, rappellant toute la fierté de son caractere, il exprime ainsi son dépit :

. . . . Ces séductions
Qui vont au fond des cœurs chercher les passions,
L'espoir qu'on donne à peine, afin qu'on le saisisse.
Ce poison préparé des mains de l'Artifice,
Sont les effets d'un charme aussi trompeur que vain,
Que l'œil de la Raison regarde avec dédain, &c.

Nommez-moi seulement ce Rival qui se cache
Je lui céde avec joye un poison qu'il m'arrache. &c.

Mais bientôt la passion qui le tirannise, l'emportant sur ce mépris affecté, il reprend.

Je vous trompois, mon cœur ne peut feindre long-tems,

Je vous traîne à l'Autel à ses yeux expirans,
Et ma main sur sa cendre à votre main donnée,
Va tremper dans le sang les flambeaux d'Hime-
née ;

Vamir & *Amelie* indignés de tant d'ou-
trages découvrent enfin le secret de leurs
feux. Je suis ton rival, dit le Prince à son
frere:

A la face des Cieux je lui donne ma foi,
Je te fais de nos vœux; le témoin magré toi,
Frappe & qu'après ce coup ta cruauté jalouse,
Traîne aux pieds des Autels ta Sœur & mon Epou-
se. &c.

Le Duc furieux, ordonne à ses soldats
de l'entraîner. Cependant *Lisois* arrive,
qui lui apprend que le peuple se mutine du
retour de son frere ; il lui ordonnne de lui en
répondre, & sort, pour appaiser les séditieux:
Lisois reste avec *Vamir* son prisonnier, à
qui il demande raison de la nouvelle fureur
du Duc. *Vamir* lui apprend son amour pour
Amelie. Ciel! s'écrie le sage *Lisois*.

. . . . Faut-il voir ainsi par des caprices vains,
Anéantir le fruit des plus nobles desseins,
L'Amour subjuguer tout, les cruelles foiblesses,
Du sang qui se révolte étouffer les tendresses,
Des Freres se haïr, & naître en tous climats,
Des passions des Grands le malheur des Etats.

Après avoir déploré ainsi le malheur de la Patrie, il sort avec *Vamir*, qui reste son prisonnier sur sa parole.

Dans la première Scène du quatrième Acte, *Amelie* & *Vamir* prêts à se séparer, se jurent une foy éternelle; elle a séduit la Garde du Duc, & veut engager son Amant à fuir avec elle; il lui oppose la parole qu'il a donnée à *Lisois*, mais elle l'ébranle par sa tendresse & par ses larmes: au moment où il est prêt à succomber, le Duc entre qui, instruit du dessein d'*Amelie*, lui propose de nouveau d'opter entre son union avec lui, & la mort de son frere, sur qui il veut vanger & son amour méprisé, & le soulevement de son peuple. *Amelie* aigrie & décidée se déclare par un refus formel; le Duc ordonne qu'on entraîne son frere à la Tour; en vain elle veut l'attendrir, il se montre inflexible. *Lisois* paroît; elle a recours à lui: mais la cruauté du Duc ne se démentant point, elle éclate enfin dans les reproches & les imprécations les plus fortes.

Va, Tiran, c'en est trop, Va, dans mon désespoir,
J'ai combattu l'horreur que je sens à te voir,
J'ai cru, malgré ta rage, à ce point emportée,
Qu'une femme, du moins, en seroit respectée:
L'Amour adoucit tout, hors ton barbare cœur,
&c.

Tombe avec tes remparts, tombe & peris sans
  gloire ;
Meurs, & que l'avenir prodigue à ta mémoire,
A tes feux, à ton nom juftement abhorrés,
La haine & le mépris que tu m'as infpirés.

Elle fort défefpérée, en achevant ces mots, & la fureur du Duc monte à un tel excès, que *Lifois* n'ofe tenter de la modérer ; la mort de *Vamir* lui paroît être le terme de fes difgraces, & pour y parvenir : Je veux mourir dit-il à *Lifois* ; mais je veux que mon Rival périffe avec moi :

Il eft dans cette tour où vous feul commandés ;
Et vous m'avez promis que contre un téméraire.

LISOIS,

De qui me parlés-vous, Seigneur, de votre
  frere ?

LE DUC,

Non, je parle d'un traître & d'un lâche ennemi
Le Maure attend de moi la tête du parjure.

LISOIS,

Vous leur avés promis de trahir la nature !

LE DUC,

Dès longtems du perfide ils ont proscrit le sang.

LISOIS,

Et pour leur obéir vous lui percés le flanc.

Et vous me chargés, moi, du soin de son suplice.

LE DUC,

Je n'attends pas de vous cette prompte justice :
Je suis bien malheureux ! bien digne de pitié !
Trahi dans mon amour, trahi dans l'amitié ! &c.

LISOIS,
après une courte refléxion, reprend ;

Je vois qu'il est des tems pour les partis extrêmes ;
Que les plus saints devoirs peuvent se taire eux-mêmes :
Je ne souffrirai pas que d'un autre que moi,
Dans de pareils momens vous éprouviés la foi,
&c.

Ces deux derniers vers renferment un sens admirable, vû le desseinque *Lisois* vient de former ; le Duc satisfait de son obéïssance, souscrit à la condition que *Lisois* y met, de commander seul dans la place le reste de la journée, sans que les Maures leurs Alliés partagent son autorité, & il quitte le Duc, en l'assurant qu'il va servir son ressentiment.

Au commencement du cinquiéme Acte, le Duc, qui s'est repenti de s'être fié à *Lisois*, pour sacrifier son Frere, demande à un Officier de ses gardes, si le soldat qu'il a chargé d'aller à la Tour, a exécuté son ordre; après que l'Officier a satisfait à sa question, il dit :

Ce bras vulgaire & sûr va remplir ma vengeance
&c.

Il renvoye l'Officier à l'attaque des rempart, & reste seul.

C'est ici sans doute le plus beau morceau de la Piéce, soit pour la Poesie de stile, soit pour la justesse du pinceau dans une peinture aussi intéressante que celle du combat de la nature & des passions. Ah! dit le Duc :

Je frissonne! une voix gémissante & sévére
Crie au fond de mon cœur, arrête il est ton frere!

Puis rappellant les tems de leur premiere jeunesse, & les liens qui les enchaînoient :

O jours de notre Enfance! ô tendresses passées,

Il fut le confident de toutes mes penſées, &c.

Que de fois partageant mes naiſſantes allarmes,
D'une main fraternelle eſſuya-t'il mes larmes ! &c.

O paſſion funeſte ! ô douleur qui m'égare !
Non, je n'étois pas né pour devenir barbare, &c.

Mais lui même, il m'attaque, il brave ma colere,
Il me trompe, il me hait.... n'importe il eſt mon
Frere. &c.

Cette idée qui lui repréſente toute l'horreur de ſon crime, le fait recourir précipitamment au moyen de le prévenir ; il court au devant de l'Officier qu'il voit paroître ; il lui ordonne d'aller porter à la tour un ordre qui détruit le premier ; mais l'Officier lui apprend qu'il n'eſt plus tems, qu'il vient de voir emporter un cadavre ſanglant hors de la tour... le Duc s'écrie, & tombe dans le déſeſpoir le plus affreux ; Amelie arrive, qui n'étant point inſtruite du meurtre de ſon Amant, vient lui offrir ſa main, pour le ſauver.... *il n'eſt plus tems*, Madame, lui dit le Duc tout en larmes, & ces deux mots font au Théâtre, l'effet le plus grand & le plus terrible ; Amelie accablée de conſternation & de douleur, n'a pas la force de reprocher au Duc l'énormité de ſon attentat ; elle demande à voir ſon époux, à l'embrasser, & à mourir: mais la violence indispensable dans un caractere, tel que celui du Duc, succédant avec rapidité à l'abbatement, il tire son épée, après quelques expressions furieuses que lui dicte l'excès de sa rage & de son répentir, il veut s'en percer le sein aux yeux d'*Amelie*, lorsque *Lisois* arrive, & lui retient le bras: le Duc indigné, reproche à *Lisois* son obéissance, & *Amelie* le croit complice du crime; *Lisois* se défend sur l'ordre absolu qu'il a reçu; mais enfin le désespoir extrême de tous deux lui faisant sentir que le moment heureux est arrivé: Hé bien, dit-il, au Duc,

Je peux donc m'expliquer, je peux donc vous aprendre,
Que de vous-même enfin Lisois vous défendre!
Connoissés-moi, Madame, & calmés vos douleurs:
    (au Duc)   (à Amélie.)
Vous gardés vos remords.... & vous sechés vos pleurs.
Que ce jour à tous trois soit un jour salutaire!
Venés, paroissez, Prince, embrassez votre frere

Au moment même, *Vamir* paroît au fond & cet évenement fait sans contredit un des plus grands effets & des plus grands coups de Théâtre qu'il y ait: les cœurs se rassurent, les larmes se séchent; on se demande mutuellement, est-ce bien lui, & la joie des Spectateurs égale sans doute celle des personnages interessés : *Lisois* lui apprend que dans la confiance où il a toujours été, que la vertu l'emporteroit dans le cœur du Duc, il avoit immolé lui-même l'assassin chargé du meurtre de *Vamir* ; Amelie le Duc & le Prince, lui prodiguent les noms les plus tendres, & les éloges les plus grands, après un tel service lui dit le Duc.

Le prix que je t'en dois est de m'en rendre digne &c.

Vamir assure son frere que son projet & celui d'Amelie étoit de le reconcilier avec le Roi de France ; il lui demande ensuite quel est son dessein ? de me punir, reprend le Duc, de vous donner *Amelie*,

Je m'arrache le cœur, en vous rendant heureux:
Je l'adore encor plus, & mon amour la cede,
Aimés-vous, mais au moins pardonnés-moi tous deux, &c.

Vamir & *Amélie* pénétrés de tendresse & de reconnoissance se jettent aux pieds du Duc, il les reçoit dans ses bras, & ils vont ensemble resserrer des nœuds si parfaits, &

faire le bonheur de leur peuple, en lui aſſurant la paix & la tranquillité.

Voilà à peu près l'eſquiſſe d'une piéce, qui eſt une de celles où je crois que les honnêtes gens ont le plus de choſes utiles à puiſer : j'ai cru y appercevoir un tableau utile? de l'yvreſſe des paſſions, du torrent journalier qui emporte loin d'eux - mêmes les cœurs les plus vertueux ; & une preuve convainquante, que les principes les mieux affermis, dépendent d'une foule de circonſtances contre leſquelles on ne combat pas toujours avec ſuccès ; le caractere du Duc quoique ſucceſſivement emporté, loin d'être hors de la nature, ne trouveroit que trop d'application, ſi chacun avoit la bonne foi de convenir des découvertes qu'il fait dans ſon propre intérieur, & de s'identifier dans une poſition auſſi violente que celle où ſe trouve le Héros de la piéce ; d'ailleurs, comme je l'ai dit plus haut, le fonds vertueux s'y montre aſſez ſouvent pour intéreſſer en ſa faveur, & pour affoiblir l'éloignement que ſes violences pourroient faire naître, & en voilà aſſez pour remplir l'intention du Poëte, qui a ſans doute été que l'intérêt qu'on prend au Duc, ſoit totalement ſubordonné à celui qu'il demande pour *Amelie* & *Vamir* ; à l'égard de ces deux rôles, j'ai remarqué plus haut ce que le Public sembloit y avoir desiré, & les raisons que Mr de Voltaire pourroit donner pour les défendre, sont peut-être fort au-dessus de ma portée, ainsi je me tais sur cet article, & me repose sur lui du soin d'adhérer aux critiques dès le moment qu'il en aura reconnu l'impartialité; je ne dirai rien non plus sur *Lisois*, qui a enlevé généralement tous les suffrages, à l'exception de quelques personnes, qu'il est inutile de vouloir gagner lorsqu'elles se refusent à l'aplaudissement & au goût général.

Pour ce qui regarde l'ensemble de la piéce, je dirai franchement que le premier Acte m'a paru un peu froid, & dépouillé de mouvement théatral, soit que ce soit un vice du sujet, soit qu'effectivement ce soit une faute d'inadvertance de l'Auteur à laquelle personne ne doute qu'il ne lui soit très-aisé de remédier; j'ajoûterai que j'oserois répondre qu'il retouchera à son Exposition, & éclaircira un peu plus l'avant-scene & l'extraction & le sort d'Amelie; du reste, il est écrit noblement & avec chaleur. Le second est si rempli de beautés, qu'on ne lui trouve qu'un défaut qui est d'être trop court; l'intérêt s'y montre avec avantage, & il se décide totalement au troisiéme par la prise & la reconnoissance de Vamir; cet événement laisse à peine le tems de respirer, & tient tous les cœurs en suspens jusqu'au départ du Duc, par où il me semble que j'aurois desiré que l'Acte eût fini, afin de ne point donner de relâche au spectateur, ce qui arrive peut-être dans la derniere Scène de l'Acte, quoiqu'elle contienne des vers dont je regretterois fort que nous fussions privés. La situation des personnages opprimés est si violente dans le quatre, que cela seul suffiroit pour le soutenir, quand d'ailleurs il ne seroit pas filé avec tout l'art qui y est employé ; mais pour ne laisser aucune objection en arriere, je vais répondre à cette derniere qui me paroît assez impotante pour mériter d'être réfutée. Quelques personnes disent que le Duc a eu tort d'espérer que *Lisois* dont il connoît la vertu, se prête à un parricide, & par conséquent de l'en charger; d'autres qu'après s'être fié à lui, il n'est pas à présumer qu'il donne le même ordre à un soldat qui ne peut l'exécuter, sans la permission de ce même *Lisois* qui commande seul. A cela je réponds, qu'il n'est point impossible que dans le moment de chaleur, *le Duc de Foix* qui ne voit que par sa passion, attende de *Lisois*, ce qu'il regarde comme un service d'ami, & non point comme une bassesse, de même qu'il est tout simple que le moment de la réflexion détruise en lui cette espérance, & lui montrant l'action aussi noire qu'elle l'est, le fasse désespérer que *Lisois* puisse l'accomplir. Mr de Voltaire a si bien senti que la marche du caractere de *Lisois*, rassuroit entierement le spectateur sur la perte du Prince, & que par-là l'intérêt pouvoit être rallenti; que sans doute c'est cette raison là même qui l'a déterminé à mettre dans la bouche du Duc, qu'il se repent de s'être fié à *Lisois*, & qu'il vient de charger un bras obscur & sûr du soin de sa vengeance, alors l'intérêt reprend plus vivement que jamais, on recommence à frémir pour cette victime malheureuse ; on craint qu'elle ne succombe sous des précautions si sûres & si cruelles & ; par ce coup de maître, la chaleur de l'action se soutient, sans que la vraisemblance soit en aucune façon violée, par la précaution que l'Auteur a eu de rendre le salut du Prince vraisemblable & possible, par ce même commandement que *Lisois* a exigé du Duc pour le reste de la journée, qui lui donne une inspection sur tous les mouvemens les plus secrets qui se passent dans la tour & au dehors, & le met à même de prévenir l'assassin & de l'immoler à la sûreté du Prince, & aux vœux de tous les spectateurs; voilà ce que j'avois à répondre à cette critique, peut-être y aura-t-il quelques personnes qui trouveront que je l'ai réfutée.

Il ne me reste plus qu'un mot à ajouter sur le genre de cette piéce, que je puis dire avoir été goûté par plusieurs personnes éclairées; je ne sçais si je m'abuse, mais il me semble qu'il seroit plus honorable à la nation de transmettre à la postérité, les anecdotes heureuses & malheureuses de notre histoire, que d'aller chercher dans la Mithologie, la Fable, ou l'Histoire ancienne des sujets presque toujours factices, défigurés, où traités mille fois; ne seroit-il pas beaucoup plus intéressant de voir au Théâtre tous les grands évenemens qui ont agité la Monarchie, sous les différentes races de nos Rois? N'est il pas plus du devoir d'un Auteur de transmettre à la postérité les grandes actions des Héros Ancêtres de nos Princes, & de nos Maisons illustres, que de nous rebattre sans cesse, des Grecs, des Romains, des Parthes, des Perses &c. Faut-il donc un Casque, un habit à la Romaine, pour avoir en partage de grands sentimens; cette convention ridicule en elle-même eut-elle ajouté quelque chose à l'ame des Turennes & des Condés, & d'ailleurs si ce genre a été tenté avec succès dans le Comté d'Essex, Gustave, & Zaire, * pourquoi n'est-il pas aussi célébré, qu'il est vrai, & digne de l'être ; Pourquoi de mille jeunes gens qui portent des Piéces au Théâtre, n'y en a-t-il aucun qui marche sur les traces de celles que je viens de nommer ; on prend au Collége une impression générale & toujours désagréable de l'Histoire de son pays, parce que c'est une obligation, & par conséquent un fardeau : on entre dans le monde, & ceux qui sont destinés à faire des Piéces, lisent les anciens Théâtres, se jettent à corps perdu dans les Tragédies des Grands-Maîtres, & croyent avoir fait un chef-d'œuvre quand ils ont recrepi un sujet qu'on reconnoit à la premiere Scène, au lieu de s'attacher à suivre une route plus sûre, quoique moins fréquentée, & où ils auroient au moins le mérite de la découverte, & quelquefois celui de l'invention.

Il en résulteroit même un avantage immanquable, qui est qu'un Auteur en se peignant à lui-même, ses Acteurs habillés comme nous, se feroit une necessité de les faire

* Je pourrois encore citer *Childeric* de M. de Morand, Piéce du même genre, où un Roi de France est mis en Scène, & dans laquelle on reconnoît un Art consommé du Théâtre.

parler à peu près de même ; telle maxime paroît placée dans la bouche d'un Satrape Perse, qui paroîtroit ridicule dans celle d'un Capitaine François, peu à peu le grand échafaudage de mots vuides de sens, s'aplaniroit, l'insuportable boursouflage qui régne aujourd'hui au Théâtre, paroîtroit ridicule, & on auroit la satisfaction en entendant dire une belle chose à un grand homme, de se dire à soi-même, je l'aurois peut-être pensée & si je l'avois pensée je l'aurois rendu de même : Et voilà encore, si je ne me trompe une justice que mérite M. de Voltaire dans cette piéce-cy, c'est qu'elle est écrite pour nous & non comme les anciens, que ce sont nos mœurs, & notre caractere ; mais à quoi sert d'en dire davantage la-dessus, les Partisans sont décidés, les Adversaires le sont vraisemblablement aussi, & parmi ces derniers il en est que suis fâché de voir ses ennemis, qui étoient fait pour l'aimer & pour en être considérés, d'autant mieux que c'est un mal incurable, & que rien n'est plus fort que ces haines de tradition, presque jamais motivées, mais presque toujours tenaces & éternelles.

F I N.

www.ingramcontent.com/pod-product-compliance
Lightning Source LLC
Chambersburg PA
CBHW070706050426
42451CB00008B/514